AF176293

TREIBGUT

Weil du mein Anker bist!

Die Hafenprinzessin

Dieses Buch gehört:

_____

Es wird dir geschenkt von:

_____

Impressum

© 2020 youneo projects flick und weber GbR

Alle Rechte vorbehalten. Die Benutzung dieses Buchs und der darin enthaltenen Informationen erfolgt ausdrücklich auf eigenes Risiko. Haftungsansprüche gegen den Verlag und den Autor für Schäden materieller oder ideeller Art, die durch die Nutzung oder Nichtnutzung der Informationen bzw. durch die Nutzung fehlerhafter und/oder unvollständiger Informationen verursacht wurden, sind grundsätzlich ausgeschlossen. Das Werk inklusive aller Inhalte wurde unter größter Sorgfalt erarbeitet. Der Verlag und der Autor übernehmen jedoch keine Gewähr für die Aktualität, Korrektheit, Vollständigkeit und Qualität der bereitgestellten Informationen, ebenso für etwaige Druckfehler.

Verantwortlich

Christian Flick / Mathias Weber

youneo projects flick und weber GbR, Poststraße 1, 49326 Melle

info@youneoprojects.de, www.youneoprojects.de

Herstellung und Verlag

BoD - Books on Demand, Norderstedt

Bildquellen

© Alenka Karabanova/shutterstock (Cover), ddok/shutterstock

Hafenprinzessin® ist eine eingetragene Marke der youneo projects flick und weber GbR.

ISBN: 9783751934626

Bitte fühle dich

herzverankert!

Ich wünsche dir einen maximalerfüllten Tag.

Bitte fühle dich

herzverankert!

Ich wünsche dir, dass du gesund und fit bleibst.

Bitte fühle dich

herzverankert!

Ich wünsche dir, dass du humorvoll bleibst.

Bitte fühle dich

herzverankert!

Ich wünsche dir,
dass du gücklich bleibst.

Bitte fühle dich

herzverankert!

Ich wünsche dir, dass du
dir alle Träume erfüllst,
die dir wichtig sind.

Bitte fühle dich

herzverankert!

Ich wünsche dir in stressigen
Zeiten etwas Ruhe.

Bitte fühle dich

herzverankert!

Ich wünsche dir
Zufriedenheit ohne Ende.

Bitte fühle dich

herzverankert!

Ich wünsche dir einen Tag
ohne Wolken mit viel Sonne.

Bitte fühle dich

herzverankert!

Ich wünsche dir die Kraft, auch an Regentagen die Sonne zu erahnen.

Bitte fühle dich

herzverankert!

Ich wünsche dir geniale
Ideen für kleine Probleme.

Bitte fühle dich

herzverankert!

Ich wünsche dir einen Schraubenschlüssel, falls mal eine kleine Schraube locker ist.

Bitte fühle dich

herzverankert!

Ich wünsche dir eine Hand,
die deine Hand hält.

Bitte fühle dich

herzverankert!

Ich wünsche dir ein starkes Herz, das für dich schlägt.

Bitte fühle dich

herzverankert!

Ich wünsche dir ein Über-
mass an Glück und Freude.

Bitte fühle dich

herzverankert!

Ich wünsche dir einen treuen
Freund mit vier Beinen.

Bitte fühle dich

herzverankert!

Ich wünsche dir einen grünen Daumen für deine Zimmerpflanzen.

Bitte fühle dich

herzverankert!

Ich wünsche dir eine wolkenfreie Nacht mit klarer Sternensicht.

Bitte fühle dich

herzverankert!

Ich wünsche dir, dass du auch mal einfach nur an dich denkst.

Bitte fühle dich

herzverankert!

Ich wünsche dir, dass du deine Lebenszeit perfekt und ideal nutzt.

Bitte fühle dich

herzverankert!

Ich wünsche dir einen Schokoriegel für größte Stress-Notfälle im Alltag.

Bitte fühle dich

herzverankert!

Ich wünsche dir Geduld
im Überfluss.

Bitte fühle dich

herzverankert!

Ich wünsche dir, dass dein inneres Kind immer vorhanden bleibt.

Bitte fühle dich

herzverankert!

Ich wünsche dir, dass du einen edlen Wein in schöner Atmosphäre genießen kannst.

Bitte fühle dich

herzverankert!

Ich wünsche dir, dass du ein kühlendes Bier an einem heißen Tag genießen kannst.

Bitte fühle dich

herzverankert!

Ich wünsche dir immer ausreichend WLAN in deiner Nähe.

Bitte fühle dich

herzverankert!

Ich wünsche dir einen wunderschönen Urlaub in den nächsten Monaten.

Bitte fühle dich

herzverankert!

Ich wünsche dir, dass du bald mal wieder einen schönen City-Trip machen wirst.

Bitte fühle dich

herzverankert!

Ich wünsche dir, dass du dich fast nur noch auf positive Dinge fokussierst.

Bitte fühle dich

herzverankert!

Ich wünsche dir, dass du erkennst, wie unwichtig manche Dinge mit etwas Abstand sind.

Bitte fühle dich

herzverankert!

Ich wünsche dir Handwerker,
die pünktlich sind und
preiswert hinzu.

Bitte fühle dich

herzverankert!

Ich wünsche dir, dass die nächste Wildtaube dein Auto nicht mehr attackiert.

Bitte fühle dich

herzverankert!

Ich wünsche dir einen Tank,
der sich langsamer leert und
deinen Geldbeutel schont.

Bitte fühle dich

herzverankert!

Ich wünsche dir einen wunderschönen Abend mit deiner Familie und deinen Lieben.

Bitte fühle dich

herzverankert!

Ich wünsche dir, dass dich jemand auf ein leckeres, großes Eis im Sommer einlädt (z.B. ich).

Bitte fühle dich

herzverankert!

Ich wünsche dir eine Welt,
die friedlich ist und bleibt.

Bitte fühle dich

herzverankert!

Ich wünsche dir eine Hose,
die nicht immer enger wird
nach dem Waschen.

Bitte fühle dich

herzverankert!

Ich wünsche dir eine helfende Hand beim Schnee-schieben im Winter (z.B. meine).

Bitte fühle dich

herzverankert!

Ich wünsche dir, dass du ausreichend Kerzen bei einem Stromausfall hast.

Bitte fühle dich

herzverankert!

Ich wünsche dir ganz viele liebe Menschen in deiner Nähe, die deinen Tag bereichern.

Bitte fühle dich

herzverankert!

Ich wünsche dir eine Ver-
sicherung, die im Notfall keine
Ausschlussklauseln findet.

Bitte fühle dich

herzverankert!

Ich wünsche dir kräftige Zähne, damit du Bisskraft hast, ohne bissig zu werden.

Bitte fühle dich

herzverankert!

Ich wünsche dir Bärenkräfte,
ohne übergewichtig zu sein.

Bitte fühle dich

herzverankert!

Ich wünsche dir Diätrezepte,
die auch wirklich schmecken.

Bitte fühle dich

herzverankert!

Ich wünsche dir einen Strauß mit schönen und perfekt duftenden Blumen (z.B. von mir).

Bitte fühle dich

herzverankert!

Ich wünsche dir einen schönen Kinoabend (gerne auch mit mir).

Bitte fühle dich

herzverankert!

Ich wünsche dir Kraft und Mut, deinen Sehnsüchten intensiv zu folgen.

Bitte fühle dich

herzverankert!

Ich wünsche dir ein gesundes Maß an Egoismus, damit es auch dir immer gut geht.

Bitte fühle dich

herzverankert!

Ich wünsche dir ein Lebens-
gleichgewicht, das dich trägt
und beschützt.

Bitte fühle dich

herzverankert!

Ich wünsche dir einen Nachbarn, der dich mag und unterstützt.

Bitte fühle dich

herzverankert!

Ich wünsche dir alles Glück dieser Welt und, dass du bleibst, wie du bist.

Bitte fühle dich

herzverankert!

Heute wollte ich dir
noch was sagen:

Du bist ein wunderbarer und
ganz besonderer Mensch.

Es ist einfach klasse,
dass es dich gibt!